Impressum
Verlag: BABADADA GmbH, Nedderfeld 112 , 22529 Hamburg
Geschäftsführer / Verlagsleitung: Harald Hof
Druck: Books on Demand GmbH, In de Tarpen 42, 22848 Norderstedt

Imprint
Publisher: BABADADA GmbH, Nedderfeld 112 , 22529 Hamburg, Germany
Managing Director / Publishing direction: Harald Hof
Print: Books on Demand GmbH, In de Tarpen 42, 22848 Norderstedt, Germany

kool

sekolah

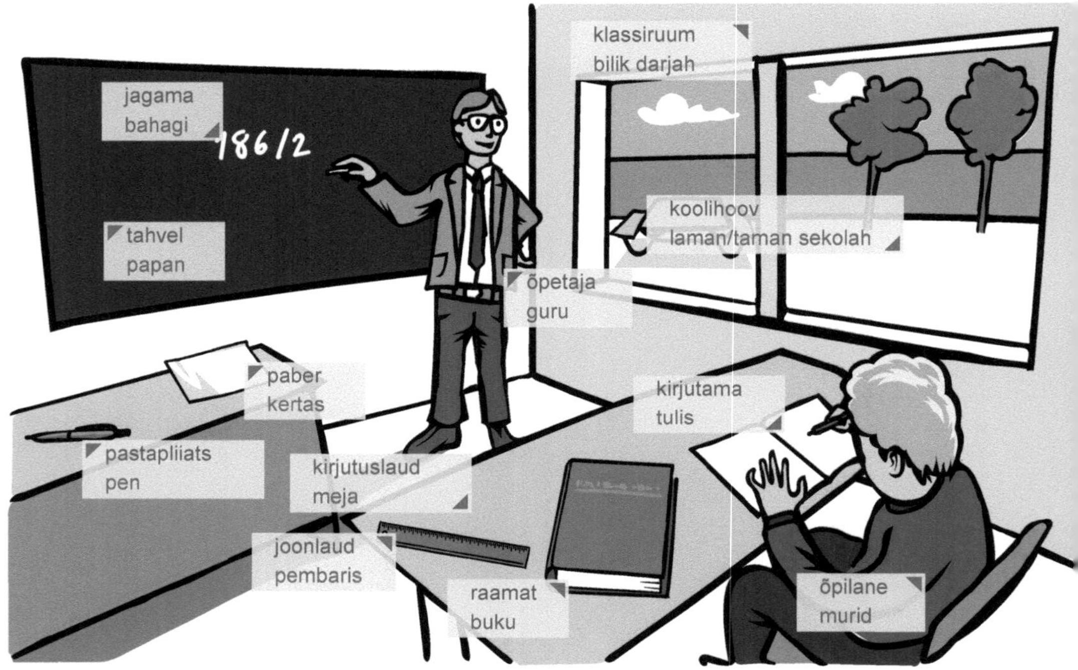
klassiruum
bilik darjah
jagama
bahagi
186/2
tahvel
papan
koolihoov
laman/taman sekolah
õpetaja
guru
paber
kertas
kirjutama
tulis
pastapliiats
pen
kirjutuslaud
meja
joonlaud
pembaris
raamat
buku
õpilane
murid

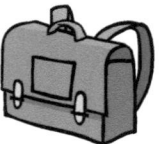

koolikott

beg galas

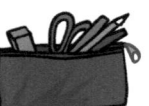

pinal

kotak pensel

harilik pliiats

pensel

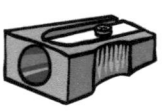

pliiatsiteritaja

pengasah pensel

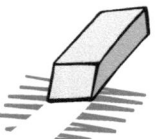

kustukumm

pemadam

joonistusplokk

kertas lukisan

joonistus

melukis

pintsel

berus lukis

värvikarp

kotak warna

käärid

gunting

liim

gam

töövihik

buku latihan

kodutöö

kerja rumah

number

nombor

liitma

tambah

lahutama

tolak

korrutama

darab

arvutama

kira

täht

huruf

ABCDEFG
HIJKLMN
OPQRSTU
VWXYZ

tähestik

abjad

sõna

kata

tekst

teks

lugema

baca

kriit

kapur

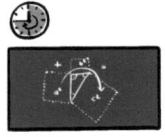

koolitund

pelajaran

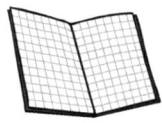

klassipäevik

daftar

eksam

peperiksaan

tunnistus

sijil

koolivorm

uniform sekolah

haridus

pendidikan

entsüklopeedia

ensiklopedia

ülikool

universiti

mikroskoop

mikroskop

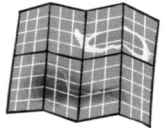

kaart

peta

paberikorv

bakul sampah

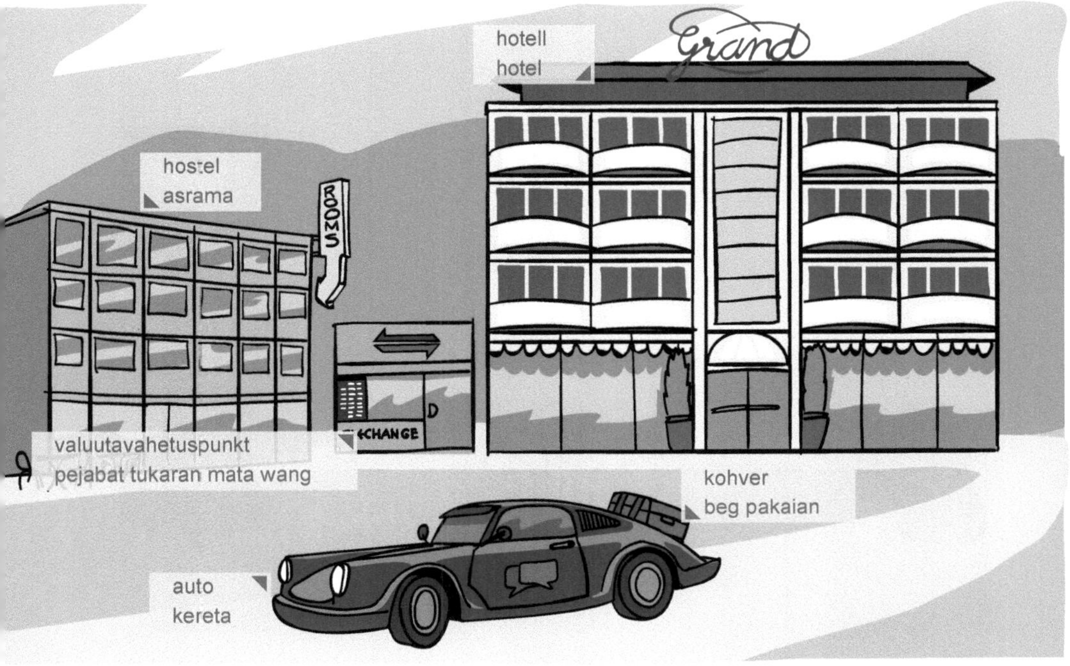

hotell
hotel
Grand
hostel
asrama
ROOMS
valuutavahetuspunkt
pejabat tukaran mata wang
kohver
beg pakaian
auto
kereta

keel

bahasa

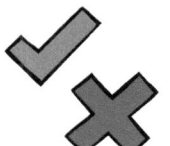

jah / ei

ya / tidak

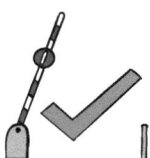

okei

okey

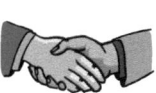

Tere!

helo

tõlk

penterjemah

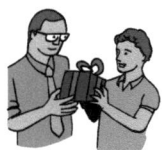

Aitäh!

Terima kasih

Kui palju maksab ...?

berapa banyak...?

Ma ei saa aru

saya tidak faham

probleem

masalah

Tere õhtust!

Selamat petang!

Tere hommikust!

Selamat Pagi!

Head ööd!

Selamat Malam!

Head aega!

selamat tinggal

suund

arah

pagas

bagasi

kott

beg

seljakott

beg galas

külaline

tetamu

tuba

bilik tidur

magamiskott

beg tidur

telk

khemah

turismiinfo

maklumat pelancong

rand

pantai

krediitkaart

kad kredit

hommikusöök

sarapan

lõunasöök

makan tengah hari

õhtusöök

makan malam

pilet

tiket

lift

lif

postmark

setem

riigipiir

sempadan

toll

kastam

saatkond

kedutaan

viisa

visa

pass

pasport

transport
pengangkutan

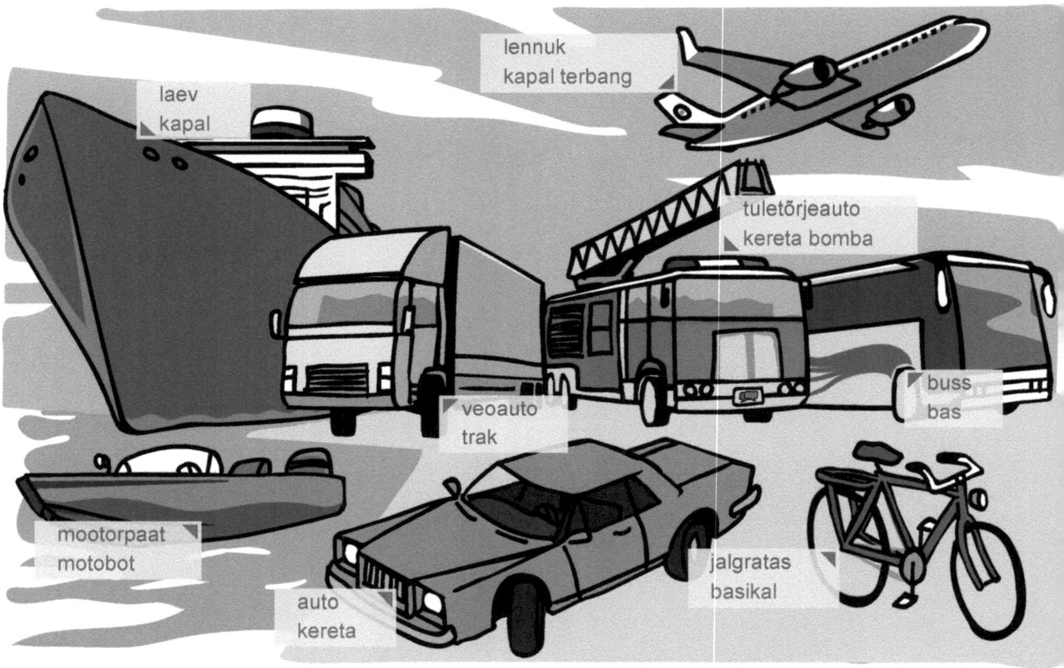
lennuk
kapal terbang
laev
kapal
tuletõrjeauto
kereta bomba
buss
bas
veoauto
trak
mootorpaat
motobot
jalgratas
basikal
auto
kereta

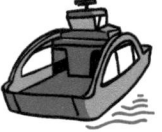

praam

feri

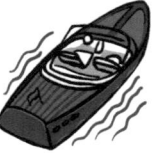

paat

bot

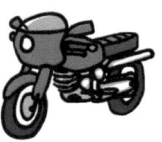

mootorratas

motosikal

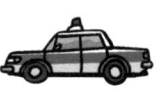

politseiauto

kereta polis

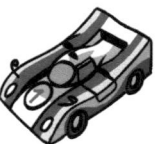

võidusõiduauto

kereta lumba

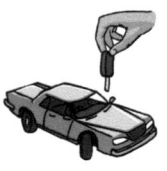

rendiauto

kereta sewa

ühisauto

berkongsi kereta

puksiirauto

trak tunda

prügiauto

trak menolak

mootor

motor

kütus

bahan api

tankla

stesen minyak

liiklusmärk

tanda trafik

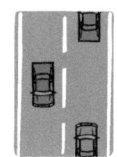

liiklus

trafik

liiklusummik

kesesakan lalu lintas

parkla

tempat parkir

raudteejaam

stesen kereta api

rööpad

trek

rong

kereta api

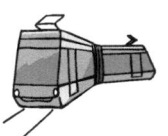

tramm

trem

vagun

gerabak

transport - pengangkutan

helikopter
helikopter

lennujaam
lapangan terbang

torn
Menara

reisija
penumpang

konteiner
bekas

pappkast
kadbod

käru
kart

korv
bakul

õhku tõusma / maanduma
berlepas / mendarat

linn
bandar

küla
kampung

kesklinn
pusat bandar

maja
rumah

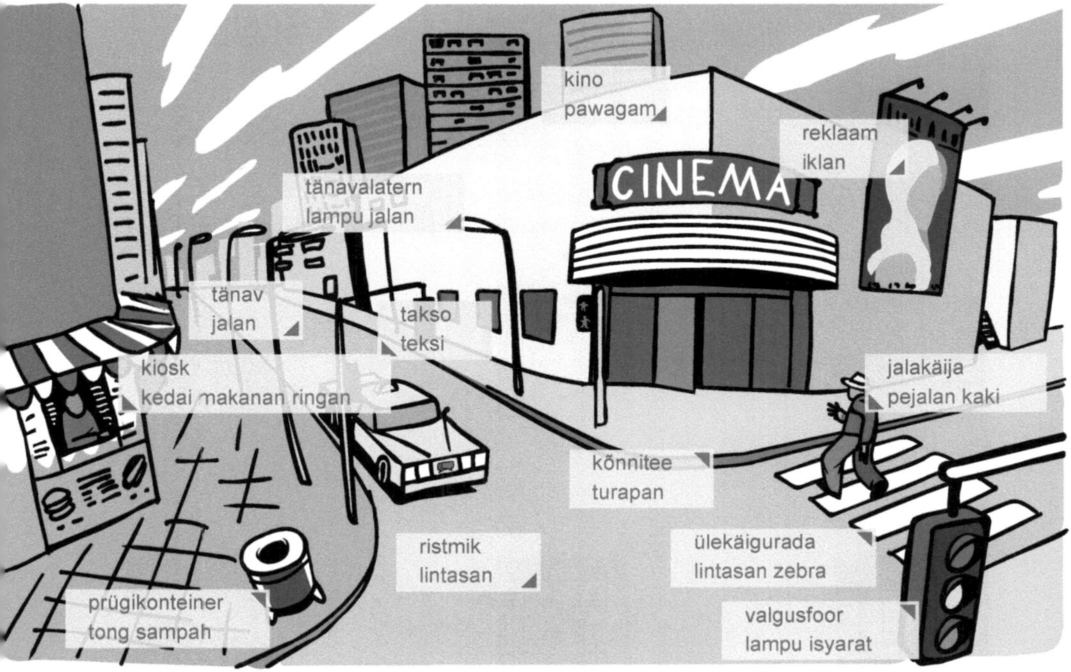

kino
pawagam

reklaam
iklan

tänavalatern
lampu jalan

CINEMA

tänav
jalan

takso
teksi

kiosk
kedai makanan ringan

jalakäija
pejalan kaki

kõnnitee
turapan

ristmik
lintasan

ülekäigurada
lintasan zebra

prügikonteiner
tong sampah

valgusfoor
lampu isyarat

osmik

pondok

kortermaja

flat

raudteejaam

stesen kereta api

raekoda

dewan bandar

muuseum

muzium

kool

sekolah

ülikool

universiti

pank

bank

haigla

hospital

hotell

hotel

apteek

farmasi

kontor

pejabat

raamatupood

kedai buku

kauplus

kedai

lillepood

kedai bunga

supermarket

pasar raya

turg

pasaran

kaubamaja

gedung

kalapood

penjual ikan

kaubanduskeskus

pusat membeli-belah

sadam

pelabuhan

park
....
taman

pink
....
bangku

sild
....
jambatan

trepp
....
tangga

metroo
....
bawah tanah

tunnel
....
terowong

bussipeatus
....
hentian bas

baar
....
bar

restoran
....
restoran

postkast
....
peti surat

tänavasilt
....
papan tanda jalan

parkimisautomaat
....
meter parkir

loomaaed
....
zoo

ujula
....
kolam renang

mošee
....
masjid

talu
ladang

reostus
pencemaran

surnuaed
tanah perkuburan

kirik
gereja

mänguväljak
taman permainan

tempel
kuil

maastik
landskap

leht
daun

teeviit
tiang tanda

tee
jalan

aas
padang rumput

kivi
batu

matkaja
pejalan kaki

puu
pokok

jõgi
sungai

rohi
rumput

lill
bunga

org
lembah

mägi
bukit

järv
tasik

mets
hutan

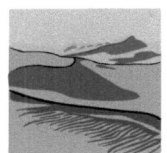

kõrb
padang pasir

vulkaan
gunung berapi

linnus
istana

vikerkaar
pelangi

seen
cendawan

palm
pokok kelapa sawit

sääsk
nyamuk

kärbes
terbang

sipelgas
semut

mesilane
lebah

ämblik
labah-labah

mardikas

kumbang

konn

katak

orav

tupai

siil

landak

jänes

arnab

öökull

burung hantu

lind

burung

luik

angsa

metssiga

babi jantan

hirv

rusa

põder

moose

pais

empangan

tuuleturbiin

turbin angin

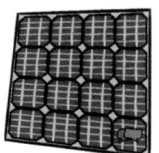

päikesepaneel

panel solar

kliima

iklim

restoran

restoran

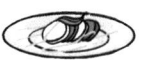

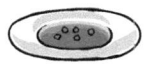

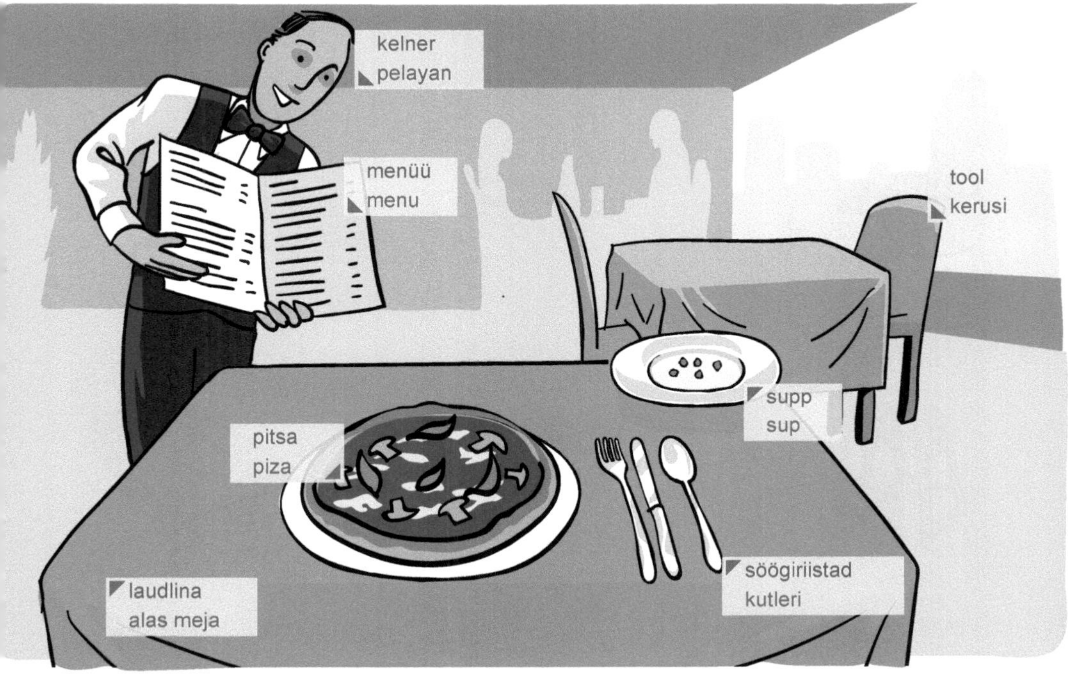
kelner
pelayan
menüü
menu
tool
kerusi
supp
sup
pitsa
piza
laudlina
alas meja
söögiriistad
kutleri

eelroog
pemula

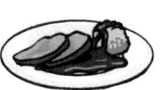

pearoog
hidangan utama

magustoit
pencuci mulut

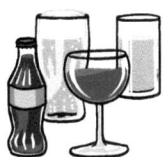

joogid
minuman

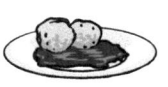

toit
makanan

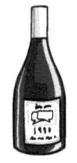

pudel
botol

kiirtoit

makanan segera

tänavatoit

makanan jalanan

teekann

teko

suhkrutoos

mangkuk gula

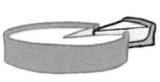

portsjon

bahagian

espressomasin

mesin espreso

lastetool

kerusi tinggi

arve

bil

kandik

dulang

nuga

pisau

kahvel

garfu

lusikas

sudu

teelusikas

sudu teh

salvrätik

serviette

klaas

gelas

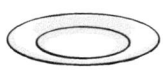

taldrik

pinggan

supitaldrik

mangkuk sup

alustass

piring

kaste

sos

soolatoos

tempat garam

pipraveski

pengisar lada

äädikas

cuka

õli

minyak

vürtsid

rempah

ketšup

sos

sinep

mustard

majonees

mayones

supermarket
pasar raya

eripakkumine
tawaran istimewa
FOR
klient
pelanggan
piimatooted
tenusu
puuviljad
buah-buahan
ostukäru
troli

BUTCHERS

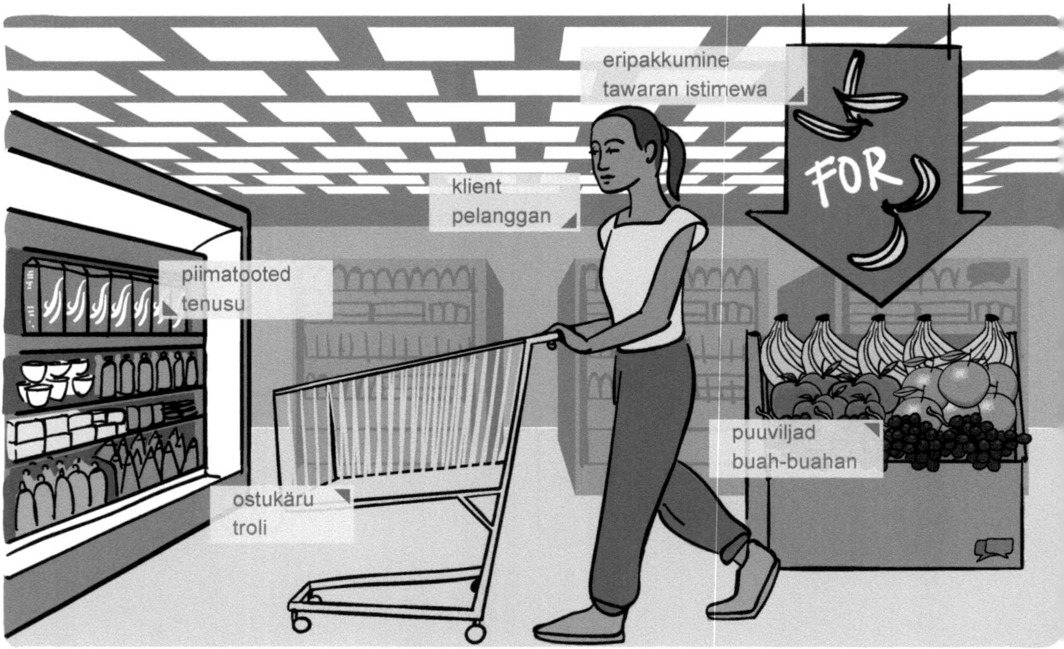

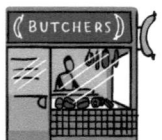

lihapood

tukang daging

BAKERY

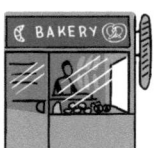

pagariäri

kedai roti

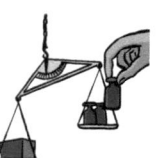

kaaluma

berat

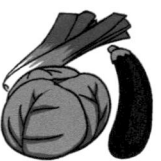

köögiviljad

sayur-sayuran

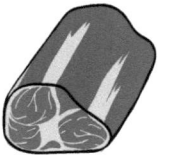

liha

daging

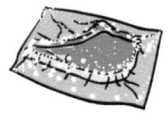

külmutatud toit

makanan sejuk beku

lihalõigud

daging sejuk

konservid

makanan dalam tin

pesupulber

serbuk pencuci

maiustused

gula-gula

majatarbed

produk isi rumah

puhastustooted

produk pembersihan

müüja

orang jualan

kassaaparaat

daftar tunai

kassapidaja

juruwang

ostunimekiri

senarai membeli-belah

lahtiolekuajad

waktu pembukaan

rahakott

beg duit

krediitkaart

kad kredit

kott

beg

kilekott

beg plastik

vesi

air

mahl

jus

piim

susu

koola

kola

vein

wain

õlu

bir

alkohol

alkohol

kakao

koko

tee

the

kohv

kopi

espresso

espreso

cappuccino

kapucino

banaan

pisang

õun

epal

apelsin

oren

arbuus

tembikai

sidrun

lemon

porgand

lobak merah

küüslauk

bawang putih

bambus

buluh

sibul

bawang

seen

cendawan

pähklid

kacang

nuudlid

mi

spagetid
spageti

riis
nasi

salat
salad

friikartulid
kerepek

praekartulid
kentang goreng

pitsa
piza

hamburger
hamburger

võileib
sandwic

šnitsel
kutlet

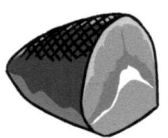

sink
ham

salaami
salami

vorst
sosej

kana
ayam

praeliha
panggang

kala
ikan

kaerahelbed

bubur oat

müsli

muesli

maisihelbed

emping jagung

jahu

tepung

sarvesai

kroisan

kukkel

roti roll

leib

roti

röstsai

roti bakar

küpsised

biskut

või

mentega

kohupiim

dadih

kook

kek

muna

telur

praemuna

telur goreng

juust

keju

jäätis
ais krim

suhkur
gula

mesi
madu

moos
jem

pähklivõie
krim nougat

karri
kari

talu

ladang

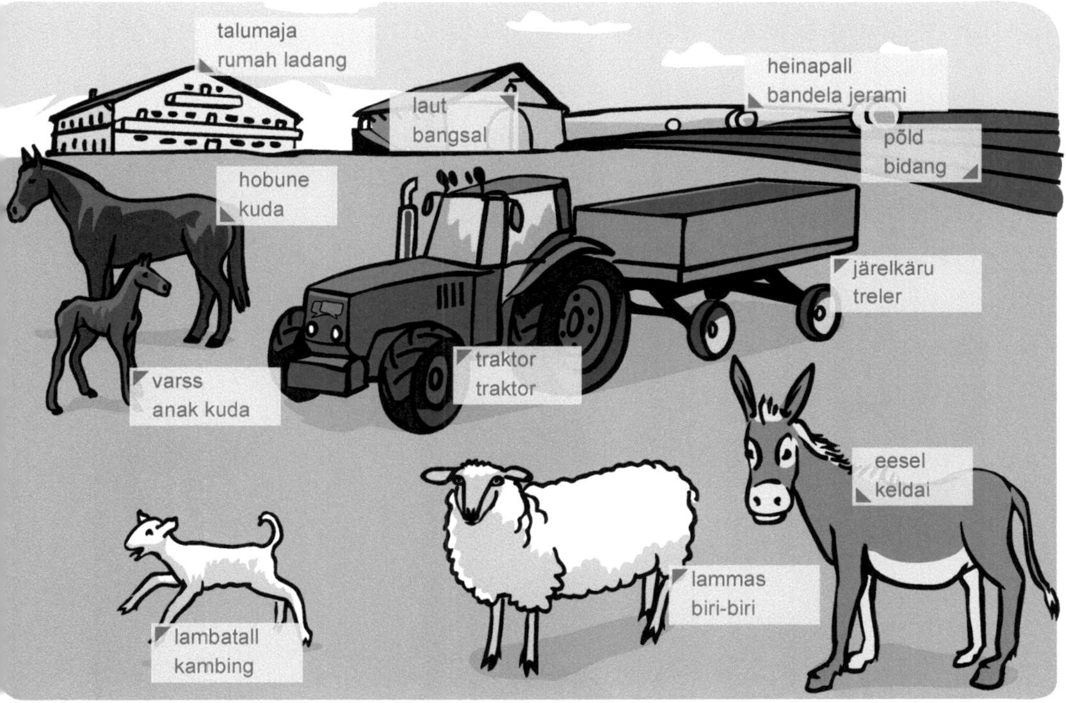
talumaja
rumah ladang
heinapall
bandela jerami
laut
bangsal
põld
bidang
hobune
kuda
järelkäru
treler
traktor
traktor
varss
anak kuda
eesel
keldai
lammas
biri-biri
lambatall
kambing

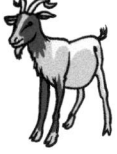

kits
kambing

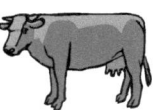

lehm
lembu

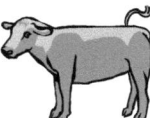

vasikas
anak lembu

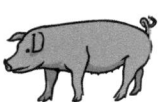

siga
babi

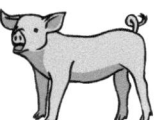

põrsas
anak babi

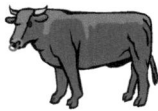

pull
lembu

hani

angsa

part

itik

tibu

anak ayam

kana

ayam betina

kukk

ayam jantan muda

rott

tikus

kass

kucing

hiir

tikus

härg

lembu jantan

koer

anjing

koerakuut

rumah anjing

aiavoolik

hos taman

kastekann

bekas siraman

vikat

sabit

ader

bajak

sirp

sabit

kõblas

cangkul

hang

serampang peladang

kirves

kapak

käru

kereta sorong

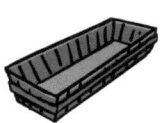

küna

palung

piimanõu

tin susu

kott

karung

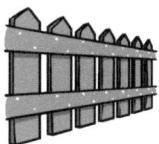

tara

pagar

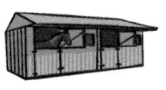

tall

stabil

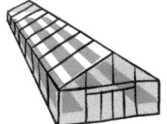

kasvuhoone

rumah hijau

muld

tanah

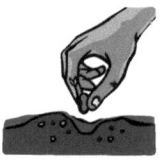

seeme

benih

väetis

baja

kombain

jentuai

saaki koristama

tuai

saagikoristus

menuai

jamss

keladi

nisu

gandum

soja

soya

kartul

kentang

mais

jagung

raps

biji sawi

viljapuu

pokok buah-buahan

maniokk

ubi kayu

teravili

bijirin

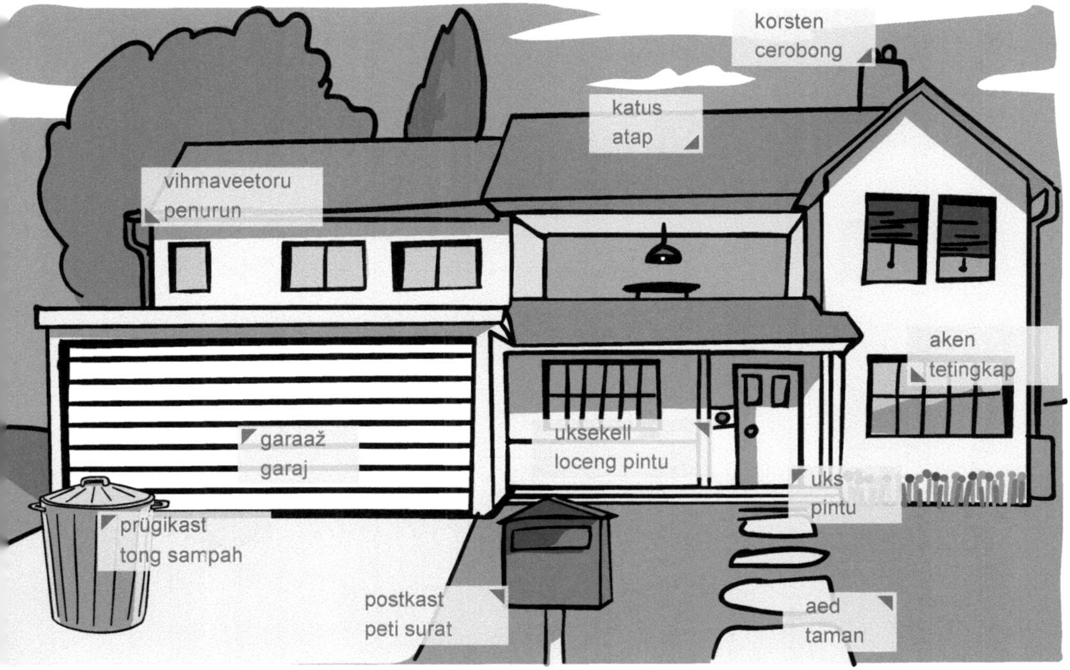

korsten
cerobong

katus
atap

vihmaveetoru
penurun

aken
tetingkap

garaaž
garaj

uksekell
loceng pintu

uks
pintu

prügikast
tong sampah

postkast
peti surat

aed
taman

elutuba
ruang tamu

vannituba
bilik air

köök
dapur

magamistuba
bilik tidur

lastetuba
bilik kanak-kanak

söögituba
ruang makan

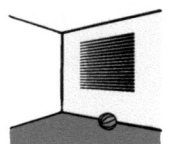

põrand

lantai

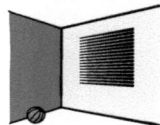

sein

dinding

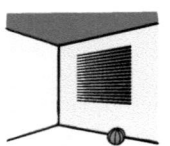

lagi

siling

kelder

bilik bawah tanah

saun

sauna

rõdu

balkoni

terrass

teres

bassein

kolam renang

muruniiduk

pemotong rumput

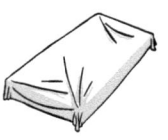

voodilina

lembaran

päevatekk

penutup tilam

voodi

katil

luud

penyapu

ämber

timba

lüliti

suis

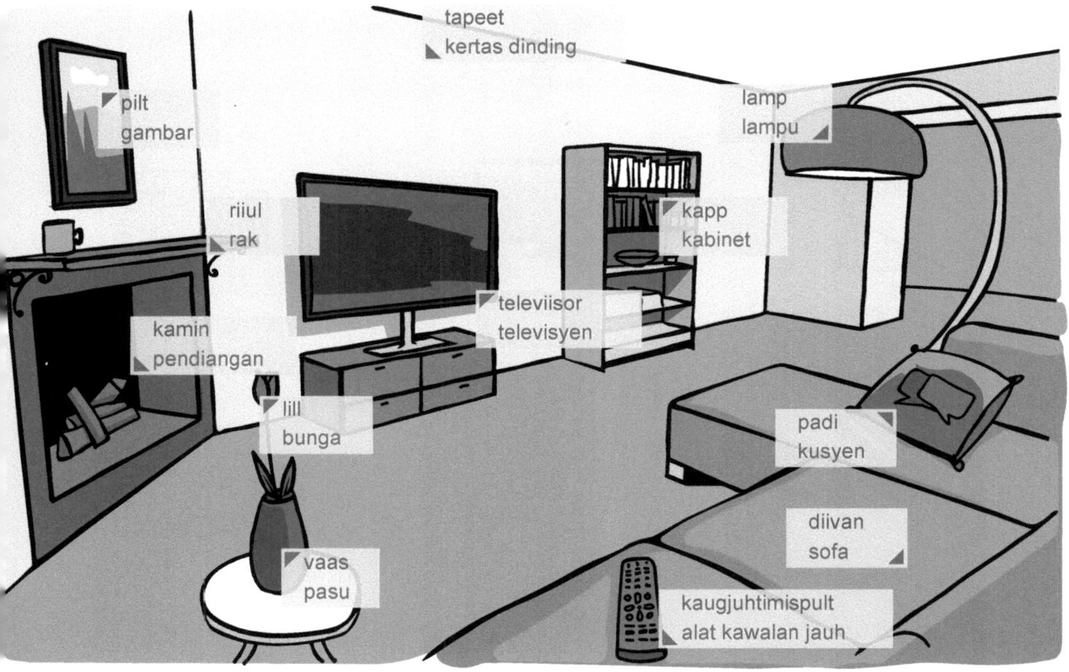

tapeet
kertas dinding

pilt
gambar

lamp
lampu

riiul
rak

kapp
kabinet

kamin
pendiangan

televiisor
televisyen

lill
bunga

padi
kusyen

diivan
sofa

vaas
pasu

kaugjuhtimispult
alat kawalan jauh

vaip

permaidani

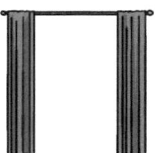

kardin

tirai

laud

meja

tool

kerusi

kiiktool

kerusi malas

tugitool

kerusi

raamat

buku

tekk

selimut

kaunistus

hiasan

küttepuud

kayu api

film

filem

helisüsteem

hi-fi

võti

kunci

ajaleht

akhbar

maal

lukisan

plakat

poster

raadio

radio

märkmik

buku catatan

tolmuimeja

penyedut habuk

kaktus

kaktus

küünal

lilin

köök
dapur

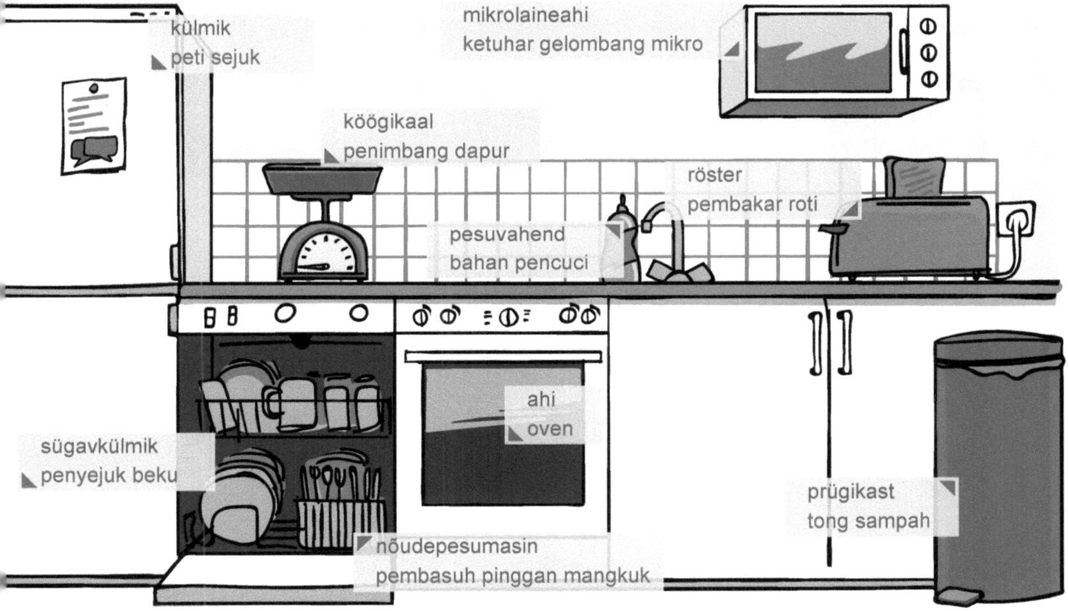

külmik
peti sejuk
mikrolaineahi
ketuhar gelombang mikro
köögikaal
penimbang dapur
röster
pembakar roti
pesuvahend
bahan pencuci
ahi
oven
sügavkülmik
penyejuk beku
prügikast
tong sampah
nõudepesumasin
pembasuh pinggan mangkuk

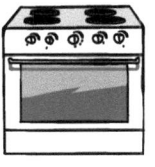

pliit
periuk dapur

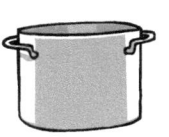

pott
periuk

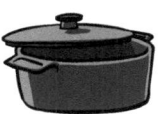

malmpott
periuk besi

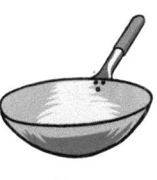

vokkpann
kuali

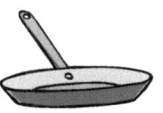

pann
pan

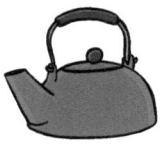

veekeetja
cerek

aurutaja

pengukus

küpsetusplaat

dulang pembakar

lauanõud

pinggan mangkuk

kruus

koleh

kauss

mangkuk

söögipulgad

penyepit

kulp

senduk

pannilabidas

spatula

vispel

pengadun

kurn

penapis

sõel

ayak

riiv

pemarut

uhmer

mortar

grill

barbeku

lahtine tuli

pembakaran terbuka

lõikelaud

papan pencincang

tainarull

pin golekan

korgitser

skru gabus

konservipurk

tin

konserviavaja

pembuka tin

pajakinnas

pemegang periuk

kraanikauss

sinki

hari

berus

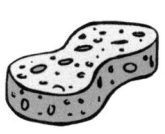

pesukäsn

span

kannmikser

pengisar

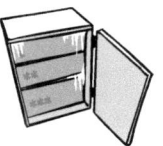

sügavkülmuti

penyejuk beku

lutipudel

botol bayi

segisti

paip

vannituba
bilik air

küte
pemanasan
käterätik
tuala
mullivann
mandi buih
vann
tab mandi
pesumasin
mesin basuh
pissipott
tandas
plaadid
jubin
dušš
mandi
dušikardin
tirai mandi
klaas
gelas
segisti
paip
kraanikauss
sinki

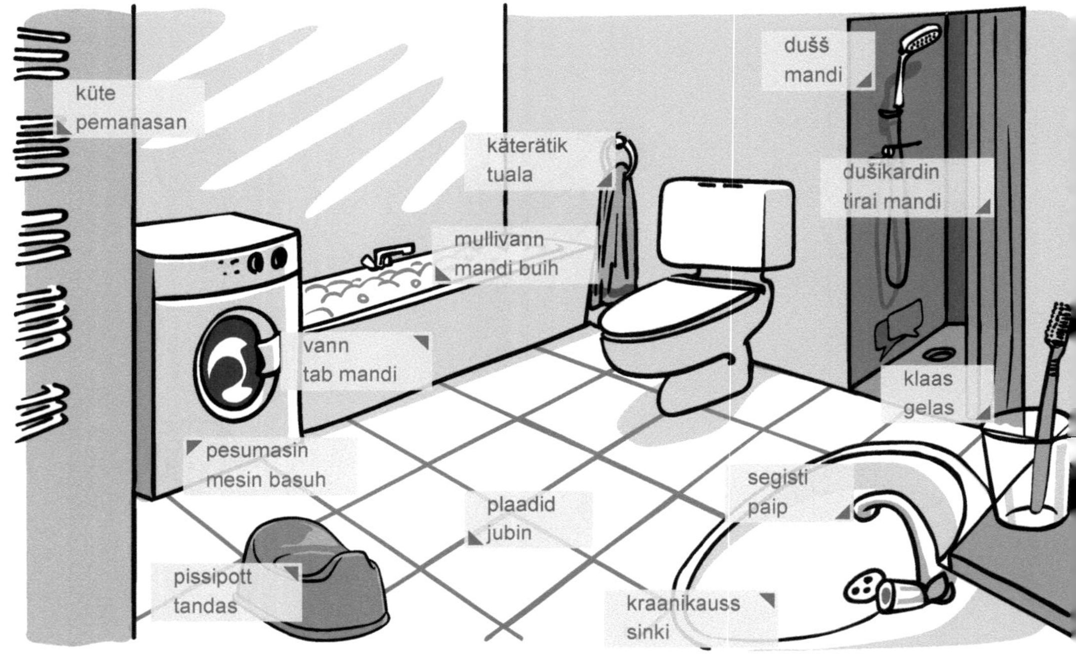

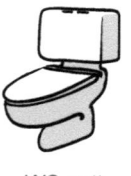

WC-pott

tandas

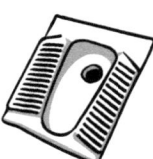

kükitamistualett

tandas mencangkung

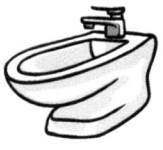

bidee

mangkuk tandas

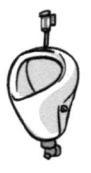

pissuaar

tandas awam

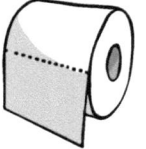

tualettpaber

kertas tandas

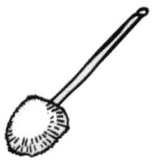

WC-hari

berus tandas

hambahari

berus gigi

hambapasta

ubat gigi

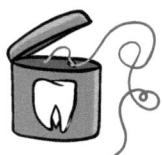

hambaniit

flos gigi

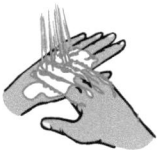

pesema

cuci

käsidušš

mandian tangan

intiimdušš

pancuran

pesukauss

besen

seljahari

belakang berus

seep

sabun

dušigeel

gel mandian

šampoon

syampu

vamm

flanel

äravool

longkang

kreem

krim

deodorant

deodoran

peegel

cermin

käsipeegel

cermin tangan

habemenuga

pisau cukur

raseerimisvaht

busa cukur

habemevesi

selepas cukur

kamm

sikat

hari

berus

föön

pengering rambut

juukselakk

semburan rambut

meigikomplekt

mekap

huulepulk

gincu

küünelakk

varnis kuku

vatt

bulu kapas

küünekäärid

gunting kuku

parfüüm

pewangi

tualett-tarvete kott
beg basuhan

taburet
bangku

kaal
skala berat

hommikumantel
jubah mandi

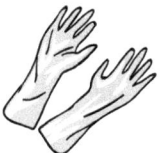

kummikindad
sarung tangan getah

tampoon
kapas

hügieeniside
tuala wanita

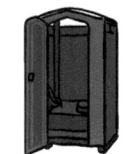

keemiline tualett
tandas kimia

lastetuba
bilik kanak-kanak

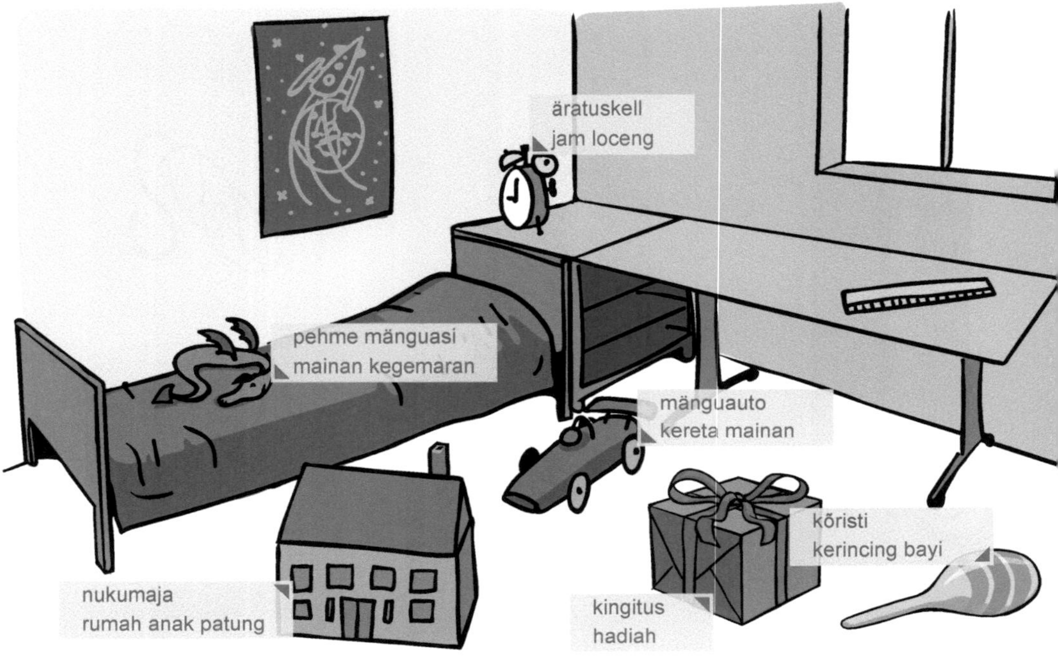
äratuskell
jam loceng
pehme mänguasi
mainan kegemaran
mänguauto
kereta mainan
kõristi
kerincing bayi
nukumaja
rumah anak patung
kingitus
hadiah

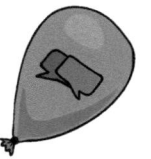

õhupall

belon

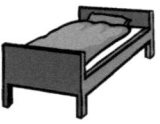

voodi

katil

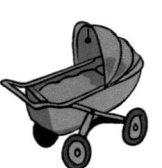

lapsevanker

kereta sorong bayi

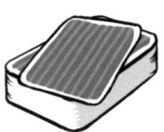

kaardipakk

set kad

pusle

susun suai gambar

SUPER
MEGA

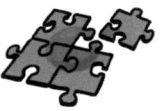

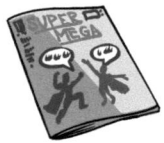

koomiks

komik

Lego klotsid

batu bata lego

klotsid

blok mainan

kujuke

figura aksi

siputuspüksid

baju bayi

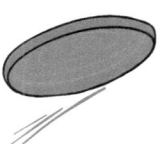

lendav taldrik

frisbee

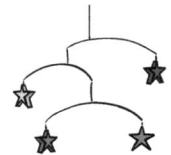

voodikarussell

mainan bayi mudah alih

lauamäng

permainan papan

täringud

dadu

mudelrong

set model kereta api

lutt

palsu

pidu

parti

pildiraamat

buku bergambar

pall

bola

nukk

anak patung

mängima

main

liivakast

lubang pasir

kiik

buai

mänguasjad

mainan

mängukonsool

konsol permainan video

kolmerattaline jalgratas

basikal roda tiga

mängukaru

anak patung beruang

riidekapp

almari pakaian

riietus

pakaian

sokid

stoking

sukad

stoking

sukkpüksid

ketat

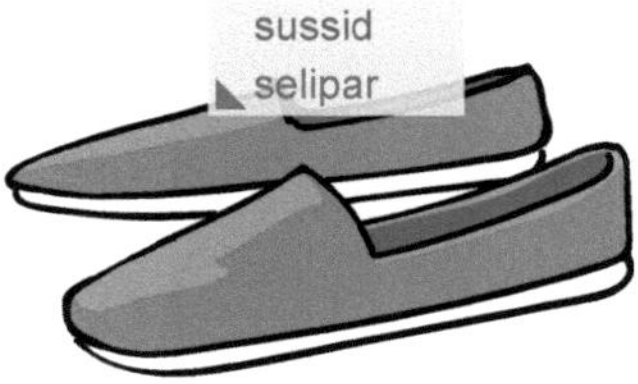

sall
skarf

vihmavari
payung

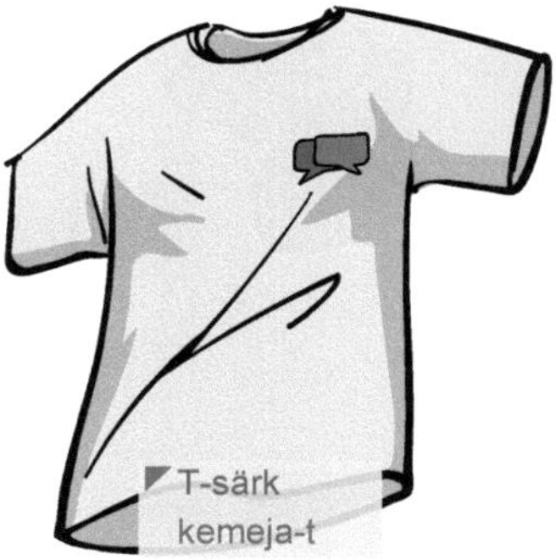

T-särk
kemeja-t

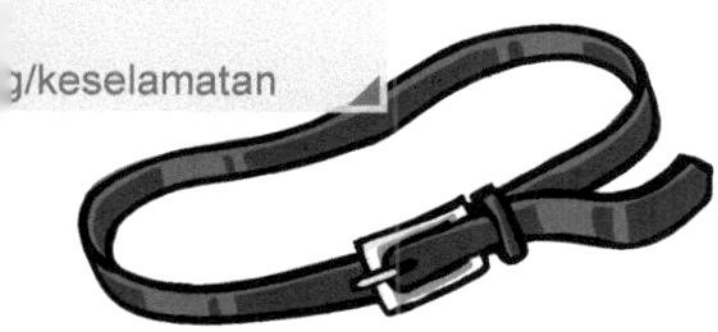

g/keselamatan

saapad
but

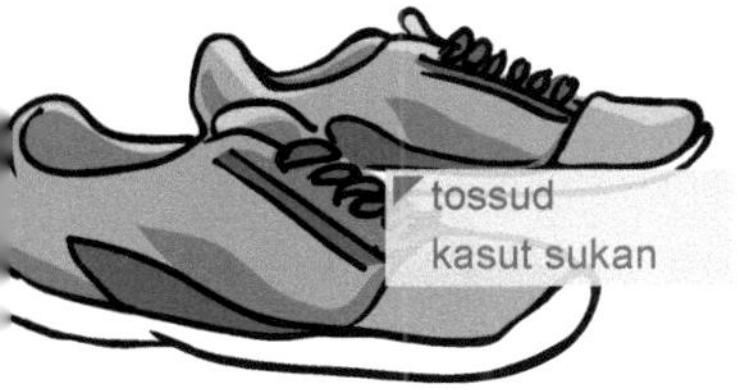

sussid
selipar

tossud
kasut sukan

sandaalid
sandal

jalatsid
kasut

kummikud
but getah

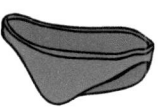

aluspüksid
seluar dalam

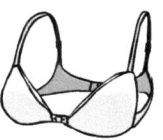

rinnahoidja
coli

vest
ves

bodi

badan

püksid

Seluar panjang

teksapüksid

jean

seelik

skirt

pluus

blaus

särk

kemeja

sviiter

baju panas sarung

dressipluus

sweater

bleiser

blazer

jakk

jaket

mantel

kot

vihmamantel

baju hujan

kostüüm

kostum

kleit

pakaian

pulmakleit

baju pengantin

ülikond

sut

öösärk

baju tidur

pidžaama

baju tidur

sari

sari

pearätt

skarf kepala

turban

serban

burka

burqa

kaftan

kaftan

abayah

abaya/jubah

ujumistrikoo

baju renang

ujumispüksid

seluar renang

lühikesed püksid

seluar pendek

dressid

sut balapan

põll

apron

kindad

sarung tangan

nööp

butang

prillid

cermin mata

käevõru

gelang tangan

kaelakee

rantai leher

sõrmus

cincin

kõrvarõngas

subang

nokamüts

topi

riidepuu

penyangkut kot

kaabu

topi

lips

tali leher

tõmblukk

zip

kiiver

topi keledar

traksid

pendakap

koolivorm

uniform sekolah

vormirõivad

seragam

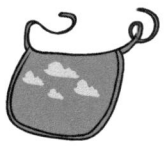

pudipõll

lapik dada

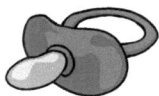

lutt

palsu

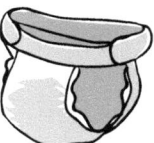

mähe

lampin

kontor
pejabat

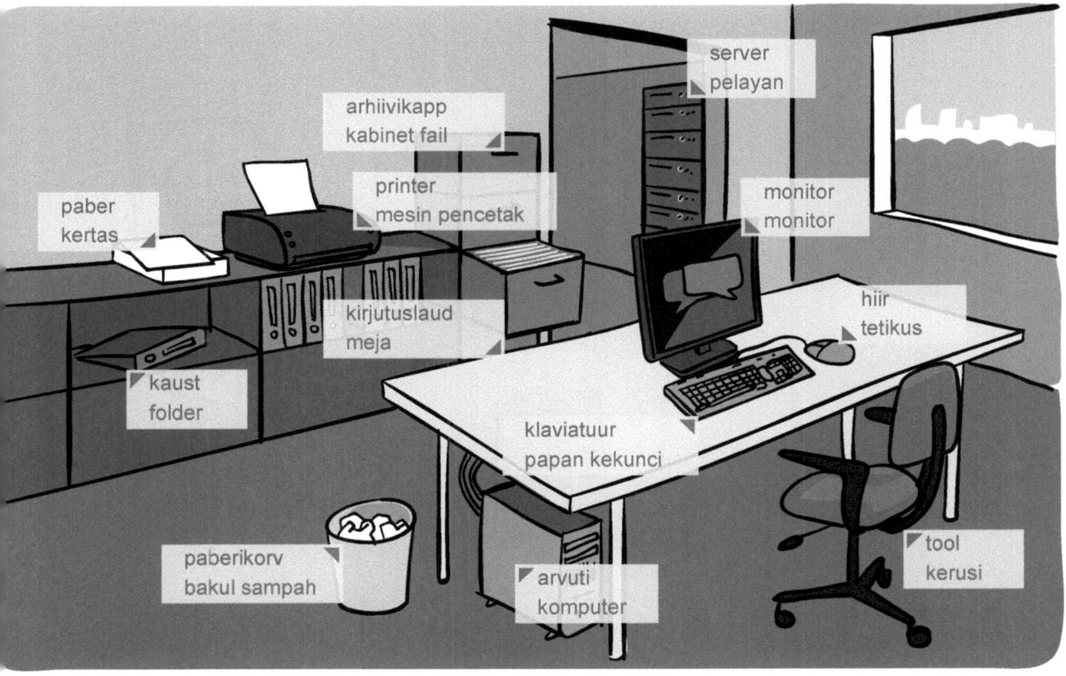
server
pelayan
arhiivikapp
kabinet fail
paber
kertas
printer
mesin pencetak
monitor
monitor
kirjutuslaud
meja
hiir
tetikus
kaust
folder
klaviatuur
papan kekunci
paberikorv
bakul sampah
arvuti
komputer
tool
kerusi

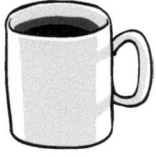

kohvikruus

cawan kopi

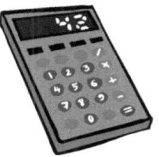

kalkulaator

kalkulator

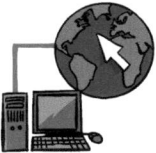

internet

internet

sülearvuti

komputer riba

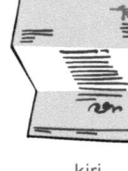

kiri

surat

sõnum

mesej

mobiiltelefon

mudah alih

võrk

rangkaian

koopiamasin

mesin fotokopi

tarkvara

perisian

telefon

telefon

pistikupesa

soket plag

faksimasin

mesin faks

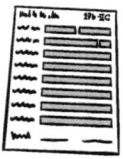

vorm

bentuk

dokument

dokumen

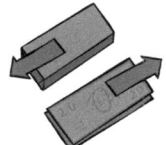

ostma

beli

maksma

bayar

vahetama

berdagang

raha

wang

dollar

dolar

euro

euro

jeen

yen

rubla

rubel

Šveitsi frank

franc swiss

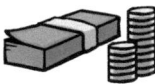

renminbi jüaan

renminbi yuan

ruupia

rupee

sularahaautomaat

mata tunai

valuutavahetuspunkt

pejabat tukaran mata wang

kuld

emas

hõbe

perak

nafta

minyak

energia

tenaga

hind

harga

leping

kontrak

maks

cukai

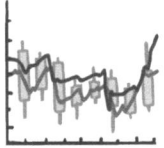

aktsia

stok

töötama

kerja

töötaja

pekerja

tööandja

majikan

tehas

kilang

kauplus

kedai

majandus - ekonomi

politseinik
pegawai polis

tuletõrjuja
ahli bomba

kokk
tukang masak

arst
doktor

piloot
juruterbang

aednik

tukang kebun

puusepp

tukang kayu

õmbleja

tukang jahit

kohtunik

hakim

keemik

ahli kimia

näitleja

pelakon

bussijuht

pemandu bas

taksojuht

pemandu teksi

kalamees

nelayan

koristaja

wanita pencuci

katusepaigaldaja

kasau

kelner

pelayan

jahimees

pemburu

maaler

pelukis

pagar

bakeri

elektrik

juruelektrik

ehitaja

pembangun

insener

jurutera

lihunik

penjual daging

torumees

tukang paip

postiljon

posmen

sõdur

askar

arhitekt

arkitek

kassapidaja

juruwang

lillemüüja

kedai bunga

juuksur

pendandan rambut

piletikontrolör

konduktor

mehaanik

mekanik

kapten

kapten

hambaarst

doktor gigi

teadlane

ahli sains

rabi

tuhanku

imaam

imam

munk

sami

preester

paderi

tööriistad
alat

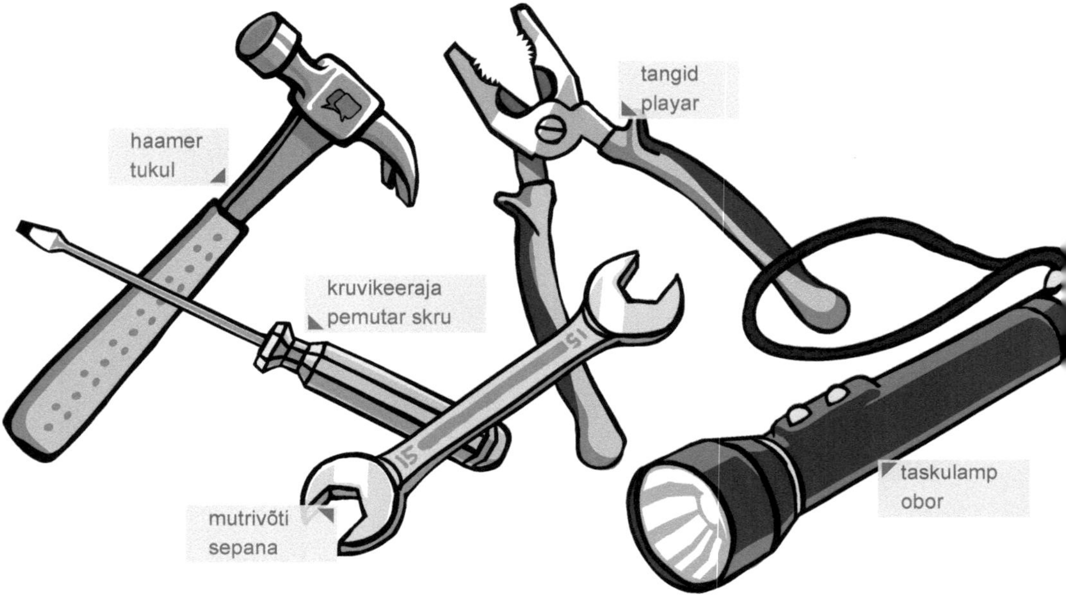
haamer
tukul
tangid
playar
kruvikeeraja
pemutar skru
mutrivõti
sepana
taskulamp
obor

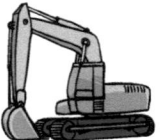

ekskavaator

pengorek

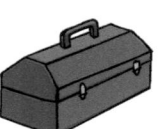

tööriistakast

kotak peralatan

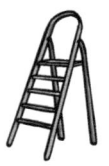

redel

tangga

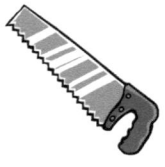

saag

gergaji

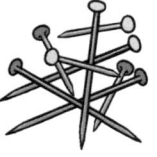

naelad

kuku

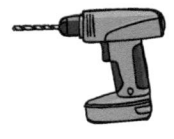

trell

gerudi

parandama
....
baiki

labidas
....
penyodok

Põrgusse!
....
Celaka!

kühvel
....
penadah sampah

värvipott
....
periuk cat

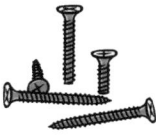

kruvid
....
skru

pillid
alat muzik

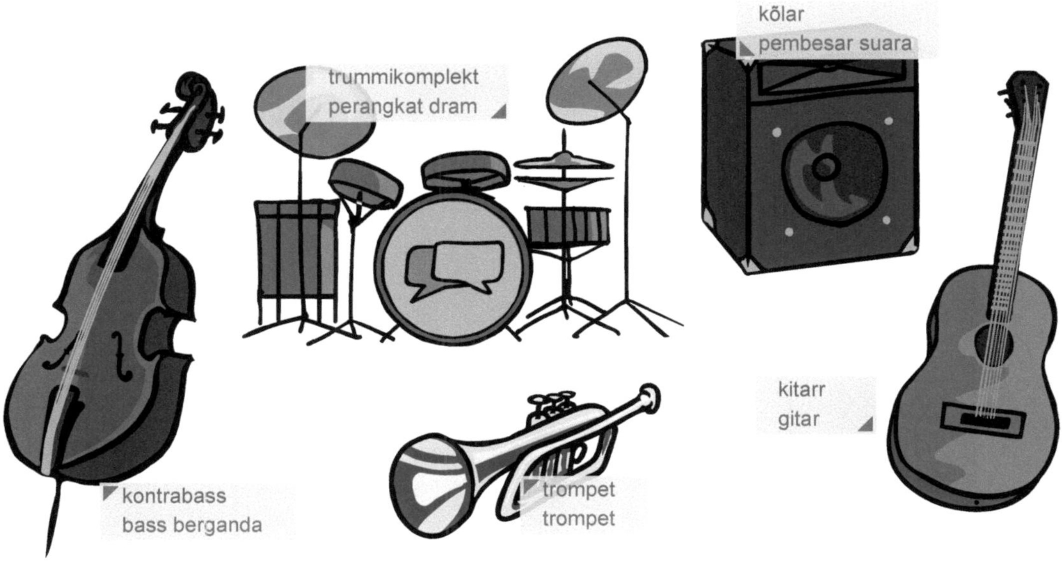

kõlar
pembesar suara

trummikomplekt
perangkat dram

kitarr
gitar

kontrabass
bass berganda

trompet
trompet

klaver

piano

viiul

biola

bass

bass

timpan

timpani

trummid

dram

süntesaator

papan kekunci

saksofon

saksofon

flööt

seruling

mikrofon

mikrofon

sissepääs
pintu masuk

tiiger
harimau

puur
sangkar

sebra
zebra

loomasööt
makanan haiwan

panda
panda

loomad
haiwan

elevant
gajah

känguru
kanggaru

ninasarvik
badak sumbu

gorilla
gorila

karu
beruang

kaamel

unta

jaanalind

burung unta

lõvi

singa

ahv

monyet

flamingo

flamingo

papagoi

nuri

jääkaru

beruang kutub

pingviin

penguin

hai

yu

paabulind

merak

madu

ular

krokodill

buaya

loomaaiatalitaja

penjaga zoo

hüljes

anjing laut

jaaguar

jaguar

poni
kuda

leopard
harimau

jõehobu
badak air

kaelkirjak
zirafah

kotkas
helang

metssiga
babi jantan

kala
ikan

kilpkonn
penyu

morsk
anjing laut

rebane
musang

gasell
rusa

Ameerika jalgpall
bola sepak Amerika

jalgrattasõit
berbasikal

tennis
tenis

korvpall
bola keranjang

ujumine
renang

poksimine
tinju

jäähoki
hoki ais

jalgpall
bola sepak

sulgpall
badminton

kergejõustik
olahraga

käsipall
bola baling

suusatamine
ski

polo
polo

naerma
ketawa

hüppama
lompat

kallistama
peluk

jalutama
berjalan

laulma
menyanyi

unistama
mimpi

palvetama
berdoa

suudlema
cium

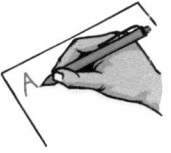

kirjutama
tulis

joonistama
lukis

näitama
tunjuk

lükkama
tolak

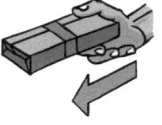

andma
beri

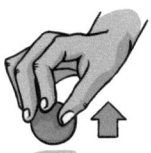

võtma
ambil

omama
ada

tegema
buat

olema
ialah

seisma
berdiri

jooksma
lari

tõmbama
tarik

viskama
buang

kukkuma
jatuh

lamama
tipu

ootama
tunggu

kandma
bawa

istuma
duduk

riidesse panema
pakai

magama
tidur

ärkama
bangkit

vaatama
lihat pada

nutma
menangis

paitama
strok

kammima
sikat

rääkima
cakap

aru saama
faham

küsima
tanya

kuulama
dengar

jooma
minum

sööma
makan

korrastama
mengemas

armastama
sayang

süüa tegema
masak

sõitma
pandu

lendama
terbang

purjetama

belayar

arvutama

kira

lugema

baca

õppima

belajar

töötama

kerja

abielluma

nikah

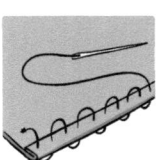

õmblema

jahit

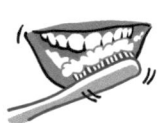

hambaid pesema

memberus gigi

tapma

bunuh

suitsetama

asap

saatma

hantar

perekond
keluarga

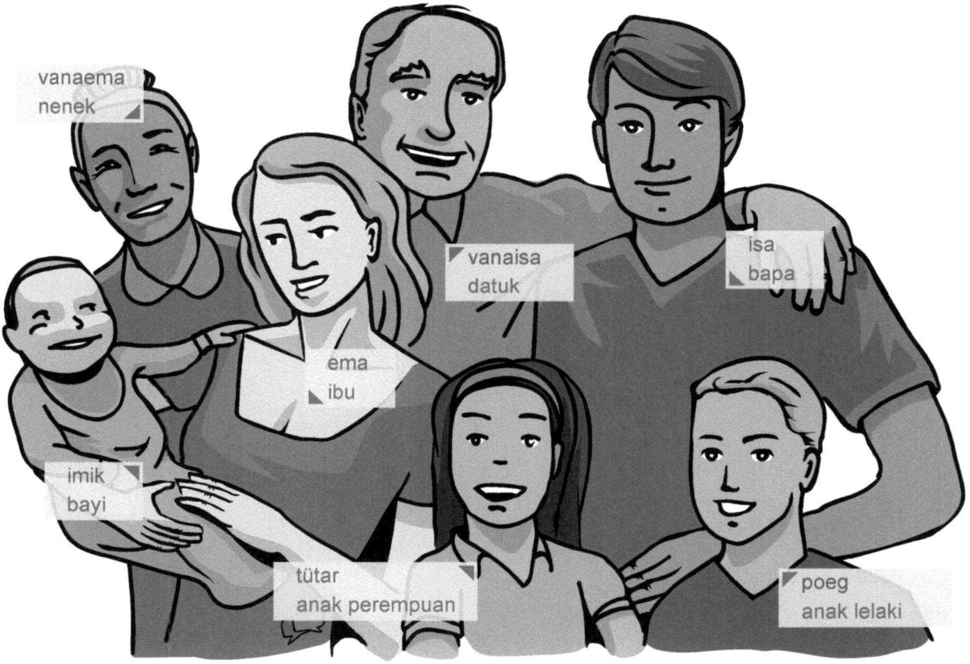

vanaema
nenek
vanaisa
datuk
isa
bapa
ema
ibu
imik
bayi
tütar
anak perempuan
poeg
anak lelaki

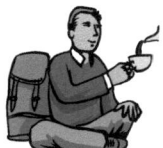

külaline

tetamu

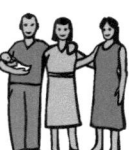

tädi

mak cik

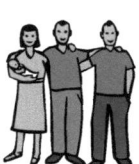

onu

pak cik

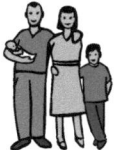

vend

abang

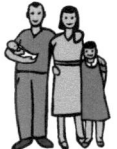

õde

kakak

keha

badan

otsmik
dahi
silm
mata
nägu
muka
lõug
dagu
rind
dada
sõrm
jari
käsi
tangan
käsivars
lengan
õlg
bahu
jalg
kaki

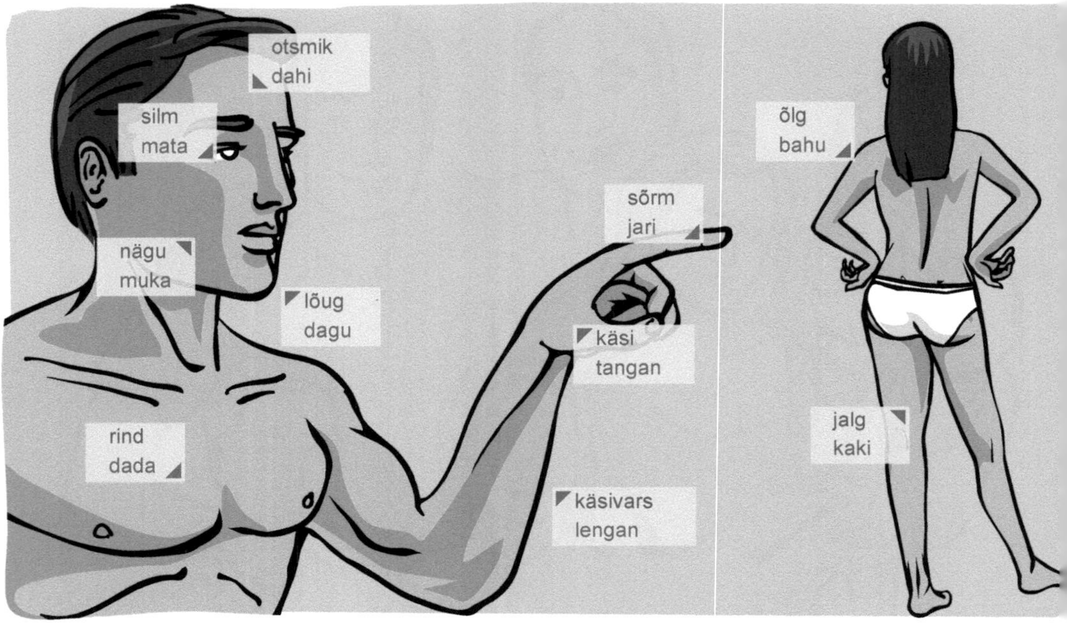

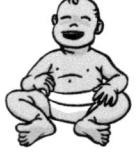

imik

bayi

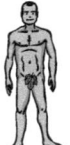

mees

lelaki

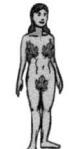

naine

wanita

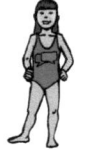

tüdruk

perempuan

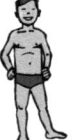

poiss

lelaki

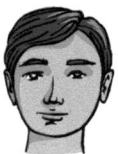

pea

kepala

selg

belakang

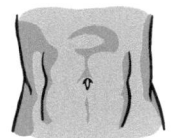

kõht

bawah perut

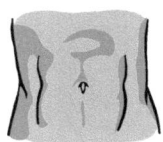

naba

pusat

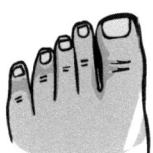

varvas

jari kaki

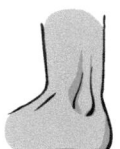

kand

tumit

luu

tulang

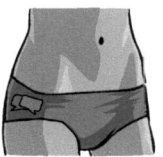

puus

pinggul

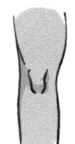

põlv

lutut

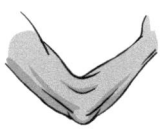

küünarnukk

siku

nina

hidung

tagumik

bawah

nahk

kulit

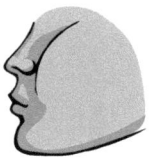

põsk

pipi

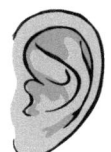

kõrv

telinga

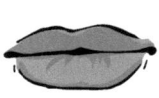

huuled

bibir

suu

mulut

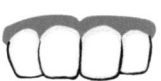

hammas

gigi

keel

lidah

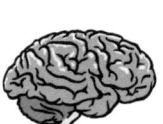

aju

otak

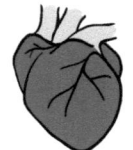

süda

hati

lihas

otot

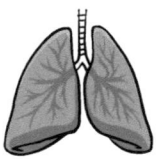

kops

paru-paru

maks

hati

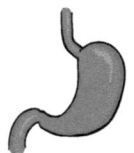

magu

perut

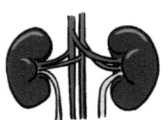

neerud

buah pinggang

seksuaalvahekord

seks

kondoom

kondom

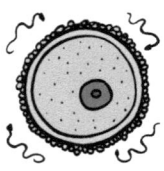

munarakk

faraj

sperma

mani

rasedus

mengandung

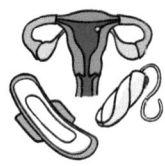

menstruatsioon
haid

vagiina
faraj

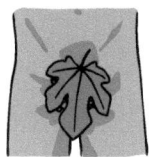

peenis
penis

kulm
kening

juuksed
rambut

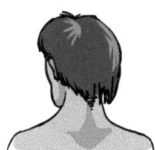

kael
leher

haigla
hospital

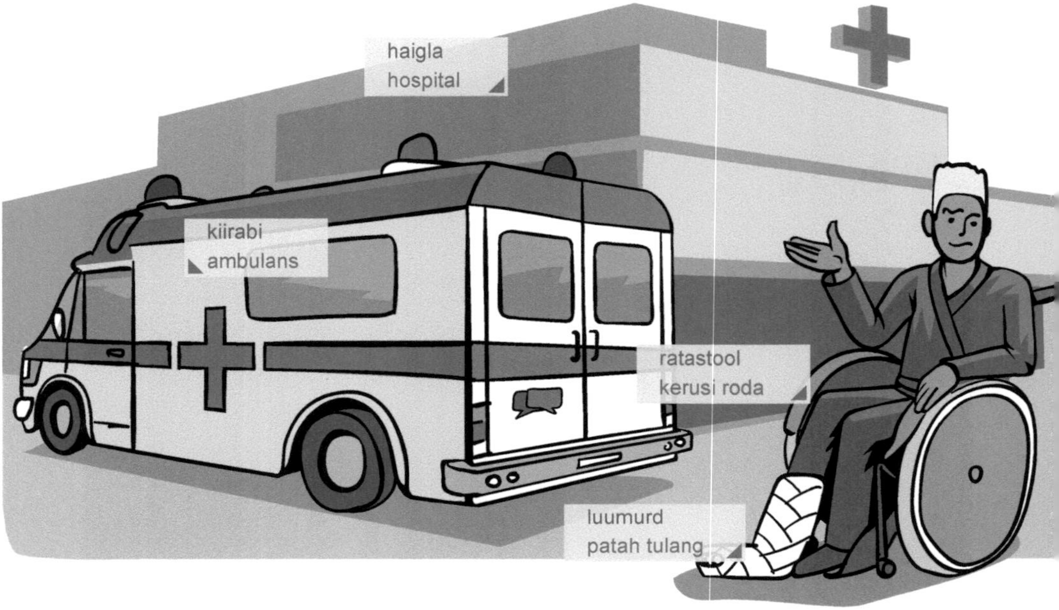

haigla
hospital
kiirabi
ambulans
ratastool
kerusi roda
luumurd
patah tulang

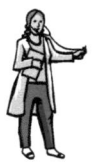

arst
doktor

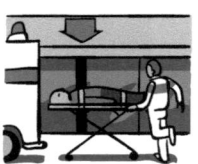

traumapunkt
bilik kecemasan

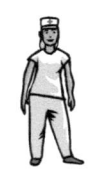

meditsiiniõde
jururawat

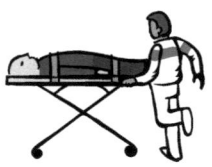

hädaolukord
kecemasan

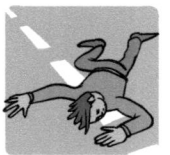

teadvuseta
tak sedar

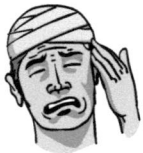

valu
sakit

vigastus

kecederaan

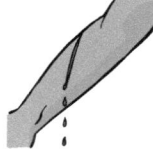

verejooks

pendarahan

südamerabandus

serangan jantung

insult

strok

allergia

alergi

köha

batuk

palavik

demam

gripp

selesema

kõhulahtisus

cirit-birit

peavalu

sakit kepala

vähk

kanser

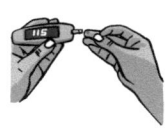

diabeet

diabetes

kirurg

pakar bedah

skalpell

pisau bedah

operatsioon

pembedahan

KT
CT

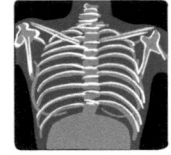

röntgen
x-ray

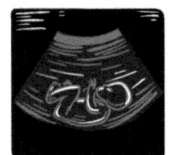

ultraheli
ultrabunyi

mask
topeng muka

haigus
penyakit

ooteruum
bilik menunggu

kark
penongkat

kips
plaster

side
pembalut

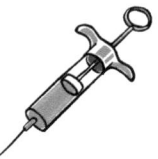

süst
suntikan

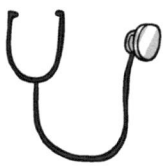

stetoskoop
stetoskop

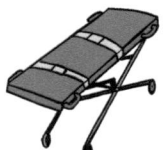

kanderaam
pengusung

kraadiklaas
termometer klinik

sünd
kelahiran

ülekaaluline
berat badan berlebihan

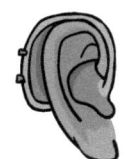

kuuldeaparaat

alat pendengaran

desinfektsioonivahend

disinfektan

põletik

jangkitan

viirus

virus

HIV / AIDS

HIV / AIDS

meditsiin

perubatan

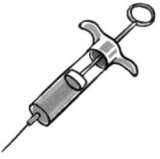

vaktsineerimine

vaksinasi

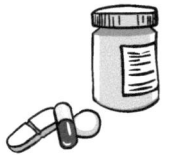

tabletid

tablet

pill

pil

hädaabikõne

panggilan kecemasan

vererõhuaparaat

pantau tekanan darah

haige / terve

sakit / sihat

Appi!

Tolong!

häire

penggera

kallaletung

serang

rünnak

serangan

oht

bahaya

avariiväljapääs

pintu kecemasan

Tulekahju!

Api!

tulekustuti

alat pemadam api

õnnetus

kemalangan

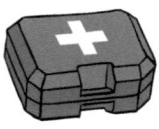

esmaabikomplekt

alat pertolongan cemas

SOS

SOS

politsei

polis

Euroopa

Eropah

Põhja-Ameerika

Amerika Utara

Lõuna-Ameerika

Amerika Selatan

Aafrika

Afrika

Aasia

Asia

Austraalia

Australia

Atlandi ookean

Atlantic

Vaikne ookean

Pasifik

India ookean

Lautan Hindi

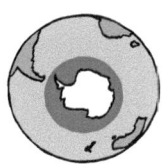

Lõuna-Jäämeri

Lautan Antartik

Põhja-Jäämeri

Lautan Artik

põhjapoolus

Kutub utara

lõunapoolus

Kutub Selatan

Antarktika

Antartika

Maa

bumi

maismaa

tanah

meri

laut

saar

pulau

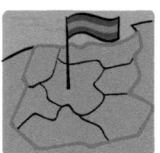

rahvus

negara

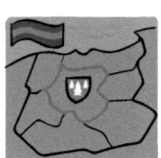

riik

negeri

sihverplaat

muka jam

tunniosuti

tangan jam

minutiosuti

tangan minit

sekundiosuti

terpakai

Mis kell on?

Jam berapa sekarang

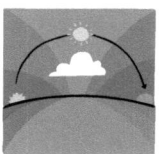

päev

hari

aeg

masa

praegu

sekarang

digitaalne kell

jam digital

minut

minit

tund

jam

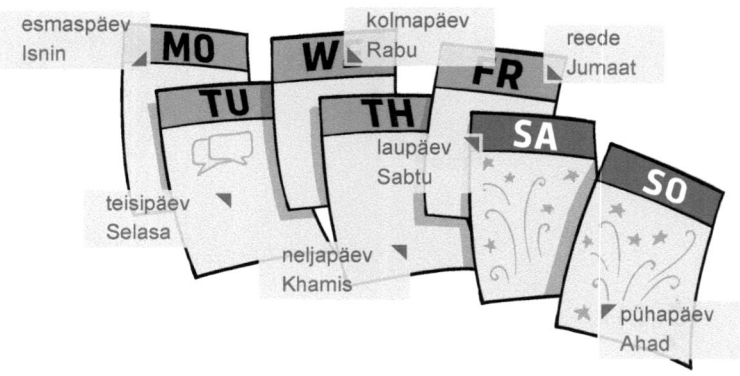

esmaspäev
Isnin

kolmapäev
Rabu

reede
Jumaat

laupäev
Sabtu

teisipäev
Selasa

neljapäev
Khamis

pühapäev
Ahad

eile

semalam

täna

hari ini

homme

esok

hommik

pagi

lõuna

tengah hari

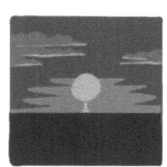

õhtu

petang

MO	TU	WE	TH	FR	SA	SU
1	2	3	4	5	6	7
8	9	10	11	12	13	14
15	16	17	18	19	20	21
22	23	24	25	26	27	28
29	30	31	1	2	3	4

tööpäevad

hari kerja

MO	TU	WE	TH	FR	SA	SU
1	2	3	4	5	6	7
8	9	10	11	12	13	14
15	16	17	18	19	20	21
22	23	24	25	26	27	28
29	30	31	1	2	3	4

nädalavahetus

hari minggu

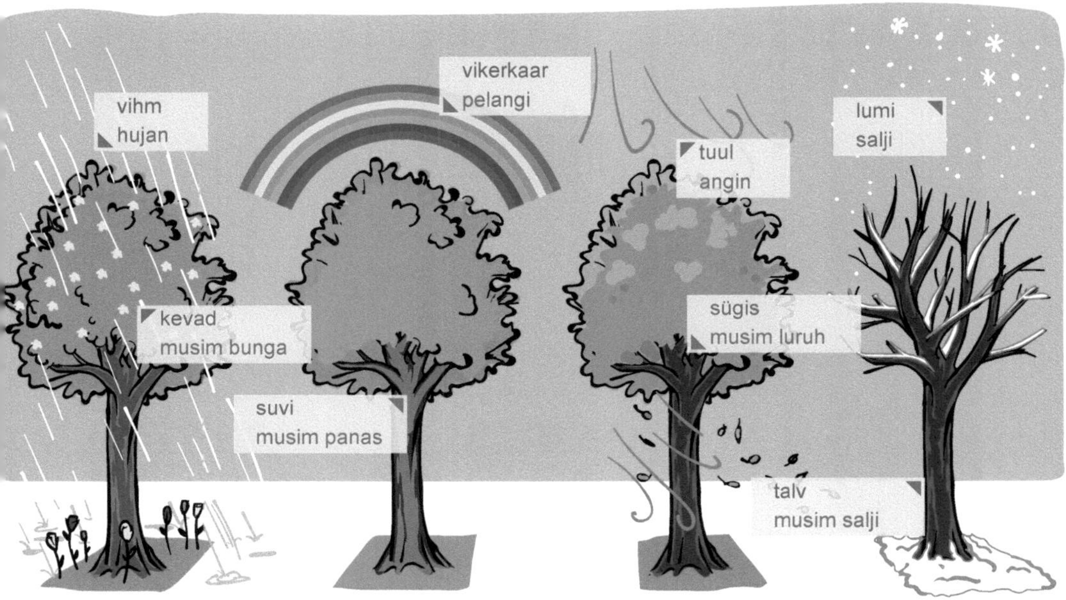

vihm
hujan
vikerkaar
pelangi
tuul
angin
lumi
salji
kevad
musim bunga
sügis
musim luruh
suvi
musim panas
talv
musim salji

4.APRIL 11°
5.APRIL 4°
6.APRIL 13°
7.APRIL 8°
8.APRIL 10°

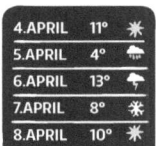

ilmaennustus

ramalan cuaca

F C
120 40
90 30
60 20
30 10
0 0
-30 -10
-20

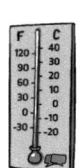

termomeeter

termometer

päikesepaiste

sinar matahari

pilv

awan

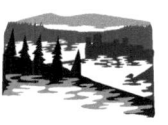

udu

kabus

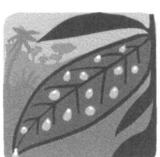

niiskus

lembapan

pikne
kilat

kõu
petir

torm
ribut

rahe
hujan batu

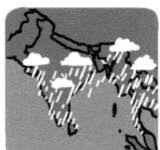

mussoon
monsun

üleujutus
banjir

jää
ais

jaanuar
Januari

veebruar
Februari

märts
Mac

aprill
April

mai
Mei

juuni
Jun

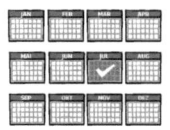

juuli
Julai

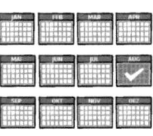

august
Ogos

aasta - tahun

september
....
September

oktoober
....
Oktober

november
....
November

detsember
....
Disember

ring
....
bulatan

ruut
....
petak

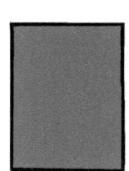

nelinurk
....
segi empat tepat

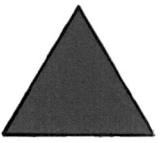

kolmnurk
....
segitiga

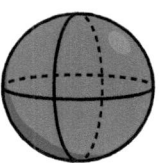

kera
....
sfera

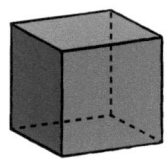

kuup
....
kiub

valge

putih

kollane

kuning

oranž

oren

roosa

merah jambu

punane

merah

lilla

ungu

sinine

biru

roheline

hijau

pruun

coklat

hall

kelabu

must

hitam

palju / vähe

banyak / sedikit

vihane / rahulik

marah / tenang

ilus / inetu

cantik / hodoh

algus / lõpp

bermula / tamat

suur / väike

besar kecil

hele / tume

terang / gelap

vend / õde

abang / kakak

puhas / must

bersih / kotor

täielik / puudulik

lengkap / tidak lengkap

päev / öö

hari / malam

surnud / elus

mati / hidup

lai / kitsas

luas / sempit

söödav / mittesöödav

boleh dimakan / tidak boleh dimakan

kuri / sõbralik

jahat / baik

põnevil / tüdinud

teruja / bosan

paks / peenike

gemuk / kurus

esimene / viimane

pertama / terakhir

sõber / vaenlane

kawan / musuh

täis / tühi

penuh / kosong

kõva / pehme

keras / lembut

raske / kerge

berat / ringan

nälg / janu

lapar / dahaga

haige / terve

sakit / sihat

ebaseaduslik / seaduslik

menyalahi undang-undang / undang-undang

tark / rumal

pintar / bodoh

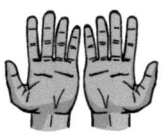

vasak / parem

kiri / kanan

lähedal / kaugel

dekat / jauh

uus / kasutatud

baru / lama

mitte midagi / midagi

tiada / sesuatu

vana / noor

tua / muda

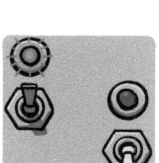

sees / väljas

hidup / mati

lahti / kinni

terbuka / tertutup

vaikne / vali

diam / bising

rikas / vaene

kaya / miskin

õige / vale

betul / salah

kare / sile

kasar / halus

kurb / rõõmus

sedih / gembira

lühike / pikk

pendek / panjang

aeglane / kiire

lambat / laju

märg / kuiv

basah / kering

soe / jahe

panas / sejuk

sõda / rahu

berperang / berdamai

0	**1**	**2**
null	üks	kaks
sifar	satu	dua

3	**4**	**5**
kolm	neli	viis
tiga	empat	lima

6	**7**	**8**
kuus	seitse	kaheksa
enam	tujuh	lapan

9	**10**	**11**
üheksa	kümme	üksteist
sembilan	sepuluh	sebelas

12

kaksteist

dua belas

13

kolmteist

tiga belas

14

neliteist

empat belas

15

viisteist

lima belas

16

kuusteist

enam belas

17

seitseteist

tujuh belas

18

kaheksateist

lapan belas

19

üheksateist

Sembilan belas

20

kakskümmend

dua puluh

100

sada

ratus

1.000

tuhat

ribu

1.000.000

miljon

juta

inglise

Bahasa Inggeris

Ameerika inglise

Bahasa Inggeris Amerika

mandariini

Bahasa Cina Mandarin

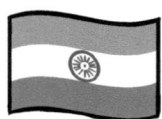

hindi

Bahasa Hindi

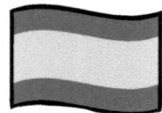

hispaania

Bahasa Sepanyol

prantsuse

Bahasa Perancis

araabia

Bahasa Arab

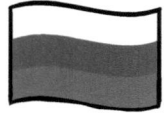

vene

Bahasa Rusia

portugali

Bahasa Portugis

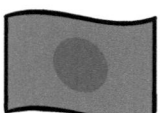

bengali

Bahasa Benggali

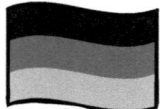

saksa

Bahasa Jerman

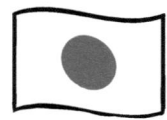

jaapani

Bahasa Jepun

mina
saya

sina
anda

tema
dia / dia / ia

meie
kita

teie
anda

nemad
mereka

kes?
siapa?

mis?
apa?

kuidas?
bagaimana?

kus?
di mana?

millal?
bila?

nimi
nama

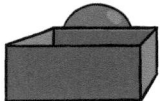

taga

belakang

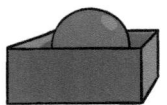

sees

dalam

ees

di hadapan

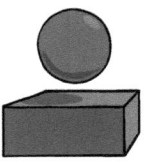

kohal

lebih

peal

pada

all

di bawah

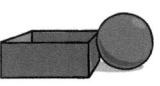

kõrval

bersebelahan

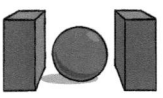

vahel

antara

koht

tempat